VIOLINO | Primeiros Passos

Nº Cat. 381-M

Irmãos Vitale S/A Indústria e Comércio
Rua França Pinto, 42 - Vila Mariana - São Paulo
CEP. 04016-000 - Fone: 11 5081-9499 - Fax: 11 5574-7388

© Copyright 2006 by Irmãos Vitale S.A. Indústria e Comércio.
Todos os direitos autorais reservados para todos os países. *All rights reserved.*

CIP-BRASIL. CATALOGAÇÃO NA FONTE
SINDICATO NACIONAL DOS EDITORES DE LIVROS - RJ.

C216v
Campos, Regina Maria Grossi
Violino : primeiros passos
/ Regina Maria Grossi Campos. - São Paulo : Irmãos Vitale

ISBN - 85-7407-210-9
ISBN - 978-85-7407-210-4

    1. Violino - Instrução e estudo.
    2. Música - Instrução e estudo.
        I. Título.

06-1457.   CDD 787.1
                                                                     CDU 787.1

24.04.06   27.04.06   014246

Créditos

Diagramação | Capa - Débora Freitas

Locução - Marcela Grossi Campos

Arranjos Musicais - Natanael Fonseca, Clécio B. Junior e Luiz Roberto L. Santos

Revisão Musical | Coordenação Editorial - Claudio Hodnik

Produção Executiva - Fernando Vitale

Introdução

Este é um método de desenvolvimento da leitura musical dirigido aos estudantes de violino.

Tem o objetivo de tornar a leitura musical agradável e motivadora, estimulando o prazer de tocar lendo. Este livro apresenta uma evolução gradativa dos elementos musicais de forma bastante didática, contendo melodias, principalmente do folclore brasileiro. Apresenta músicas a duas vozes para serem tocadas pelo mesmo aluno, oferecendo também boas opções para aulas coletivas.

Pode ser iniciado depois do aprendizado das noções básicas da técnica instrumental.

Vale lembrar que se forem insuficientes as propostas deste método para que o aluno tenha o domínio de cada passo, o professor terá plena liberdade para acrescentar mais exercícios. O importante é que cada lição seja plenamente assimilada antes de seguir adiante. Não deixe de se orientar nos conteúdos explicativos para cada lição, que estão no final do livro.

Este método é acompanhado por um CD (play-back), aprimorando a execução do aluno, forçando-o a tocar em um andamento preciso, o que aperfeiçoa sua aprendizagem, além de tornar agradável o estudo.

Agradecimentos

Dedico este método a Deus, primeiro e único autor de toda criação, fonte de toda minha inspiração.

Agradeço aos meus pais por tudo que fizeram por mim e não há palavras que possam expressar todo meu amor e gratidão.

Agradeço ao meu marido e filhos pelo carinho e apoio para que eu pudesse seguir e crescer na minha profissão.

Agradeço à jornalista Marcela Grossi Campos e aos músicos Natanael Fonseca, Clécio B. Junior e Luiz Roberto L. Santos, por todo empenho e profissionalismo neste trabalho.

Peço a Deus pela saudosa Irmã Maria Wilfried Gassenmayer, minha primeira professora de violino, que me mostrou e me levou ao caminho que hoje estou trilhando com entusiasmo e dedicação.

Índice

	Página	Faixa/CD
As partes do violino	07	
Exercícios preliminares	11	
Allegretto (Haydn)	29	36
Ao clarão da lua (França)	12	08
Ao passar por Lorena (folclore)	27	33
Atrás da noiva	11	06
Bate o sino pequenino	26	32
Bate o sino	12	07
Boas tardes, Nhá Firmina (Brasil)	16	15
Brincadeira de roda	19	19
Camomila	16	14
Canção da Boêmia (folclore)	30	38
Canção da infância (folclore)	23	27
Canção húngara (folclore)	10	04
Canção popular (Flandres)	26	31
Cânone (Tchecoslováquia)	24	29
Castelo assombrado	21	23
Conversa de homens	23	26
Corrida de jegue	10	03
Cuco (Alemanha)	14	10
Dança do sapo	22	24
Dorme, nenê (Brasil)	17	16
Galopando	28	34
Jesus, alegria dos homens (J. S. Bach)	32	40
Jogo duplo	19	18
Manda o tiro (Brasil)	24	28
Marcha do sapateiro	22	25
Marcha	09	01
Maria tinha um carneirinho (Inglaterra)	09	02
Melodia coral (Séc. XVI)	36	43
Não é hora de dormir (folclore)	20	21
No pôr do sol	20	20
O café (Brasil)	30	37
O Pastorzinho (Brasil)	13	09
O salto na corda	21	22
Ouve o sino a convidar (Alemanha)	15	13
Passeio no Shopping	14	11
Pirulito (Brasil)	28	35
Sinos azuis (Coréia)	25	30
Sonho de amor (F. Liszt)	31	39
Telefone sem fio	15	12
Tema da 9ª Sinfonia (L. Van Beethoven)	18	17
Terezinha (Brasil)	34	41
Uma, duas angolinhas (Brasil)	36	42
Zum, zum, zum (Alemanha)	11	05
Conteúdos explicativos	37	

As partes do violino e do arco

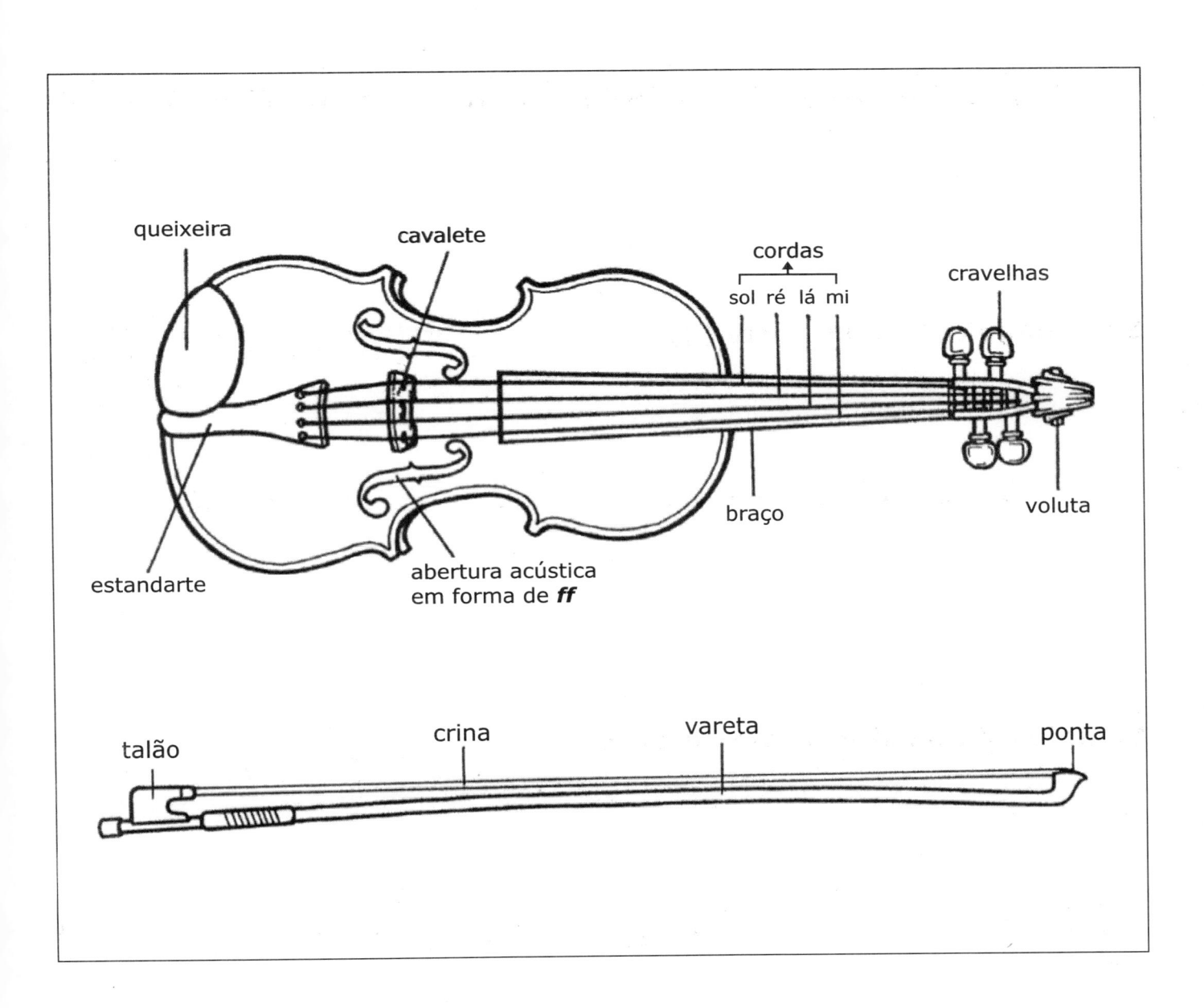

queixeira
cavalete
cordas
sol ré lá mi
cravelhas
braço
voluta
estandarte
abertura acústica em forma de **ff**

talão
crina
vareta
ponta

Exercícios preliminares

Altura relativa

> 2 - iniciar com o 2º dedo
> 1 - iniciar como 1º dedo
> 0 - iniciar com a corda solta
>   (cordas lá e mi)

Som longo (𝅗𝅥) e som curto (♩)

> 1ª - sem pulsação
> 2ª - com pulsação da semínima

> Figuras
> 𝅗𝅥 mínima
> ♩ semínima

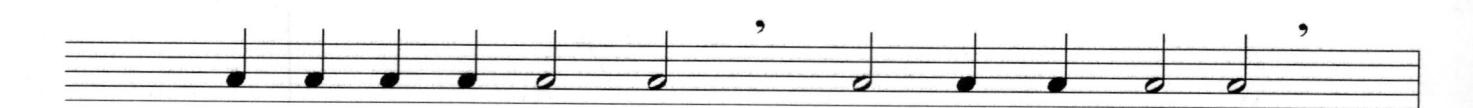

Combinação de altura com duração

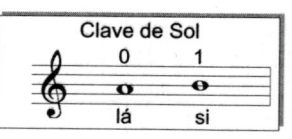

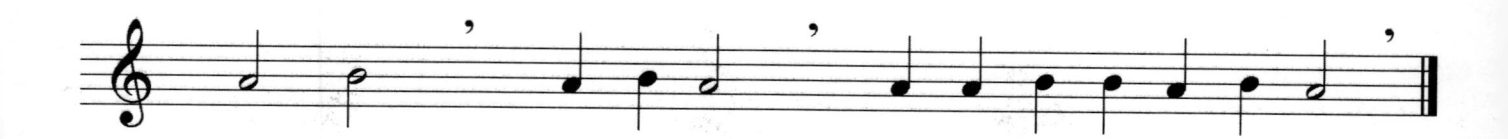

> Pulsação ♩

> Clave de Sol
> 0 — lá
> 1 — si

.8.

Marcha

compasso binário 2

VIOLINO 1

VIOLINO 2

Maria tinha um carneirinho
(Inglaterra)

ritornello / retorno — compasso quaternário 4 — dó sustenido

VIOLINO 1

VIOLINO 2

Corrida de jegue

Canção húngara
(Folclore)

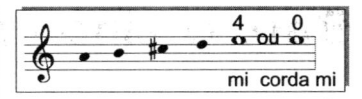

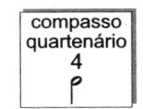

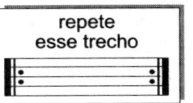

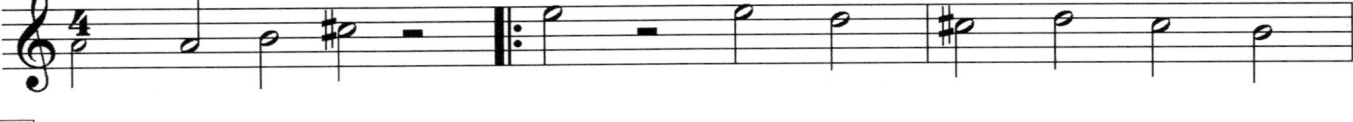

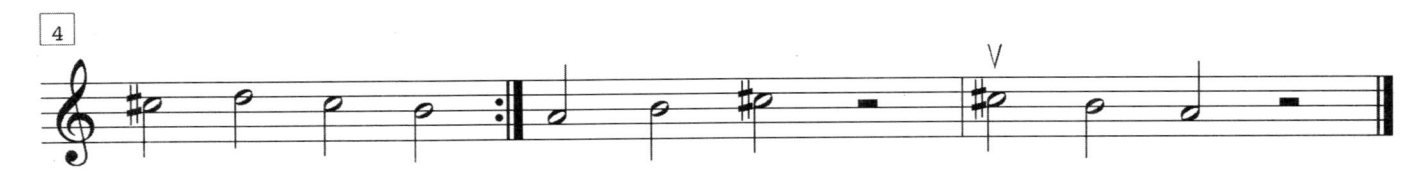

Zum, zum, zum
(Alemanha)

Atrás da noiva

Bate o sino (Jingle bells)

1. = toca na 1ª vez
2. = toca na 2ª vez

Figuras: colcheias

VIOLINO 1

VIOLINO 2

Ao clarão da lua
(França)

D.C. al fine — Do começo ao fim

fá sustenido

VIOLINO 1

Fine

D.C. alFine

VIOLINO 2

Fine

D.C. alFine

O Pastorzinho
(Brasil)

Anacruze = Prepara o compasso 1

compasso quartenário 4/8

Pausa colcheia

Cuco
(Alemanha)

Passeio no shopping

Telefone sem fio

VIOLINO 1

VIOLINO 2

Ouve o sino a convidar
(Alemanha)

VIOLINO 1

VIOLINO 2

Camomila

Boas tardes, Nhá Firmina
(Brasil)

Dorme, nenê
Brasil

Tema da 9ª Sinfonia
L. van Beethoven

VIOLINO 1

VIOLINO 2

(*) ♮ bequadro = natural

Jogo duplo

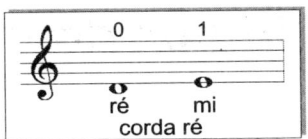

Brincadeira de roda

No pôr do sol

Não é hora de dormir
(Folclore)

O salto na corda

VIOLINO 1

VIOLINO 2

Castelo assombrado

VIOLINO 1

VIOLINO 2

Dança do sapo

VIOLINO 1

VIOLINO 2

Marcha do sapateiro

VIOLINO 1

VIOLINO 2

Conversa de homens

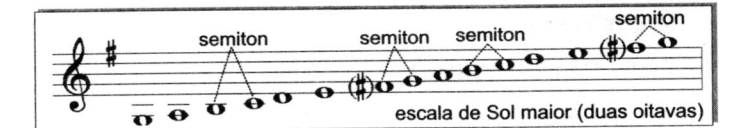

Canção da infância
(Folclore)

Manda o tiro
(Brasil)

Cânone
(Tchecoslováquia)

rall (2ª vez)

Sinos azuis
(Coréia)

Canção popular
(Flandres)

Bate o sino pequenino

Ao passar por Lorena
(Folclore)

Galopando

Pirulito
(Brasil)

Allegretto
Haydn

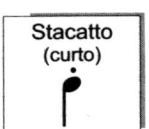

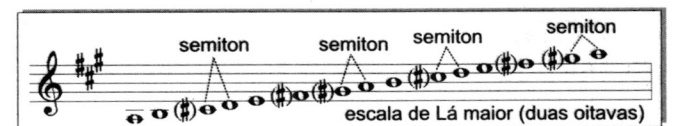

O café
(Brasil)

escala de Dó maior (duas oitavas)

VIOLINO 1

VIOLINO 2

(*) Obs: muda o lugar do 1º dedo

Canção da Boêmia
(Folclore)

escala de Fá maior

VIOLINO 1

VIOLINO 2

Sonho de amor
F. Liszt

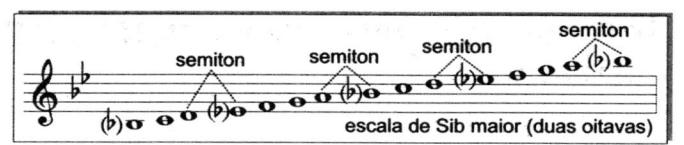

Jesus, alegria dos homens
J. S. Bach

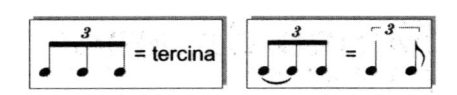

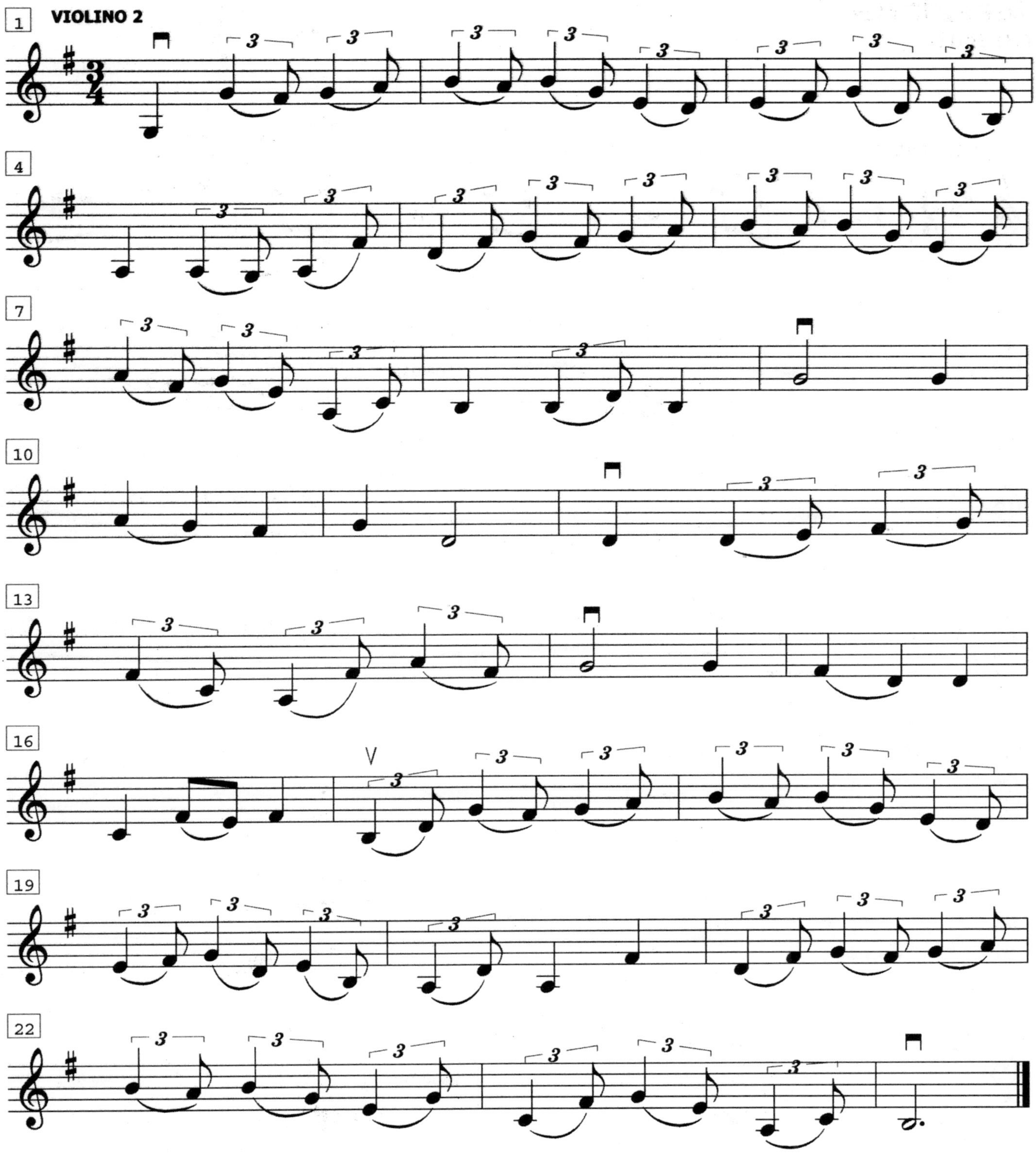
VIOLINO 2
1
4
7
10
13
16
19
22

Terezinha
(Brasil)

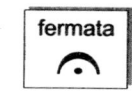

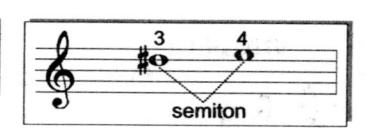

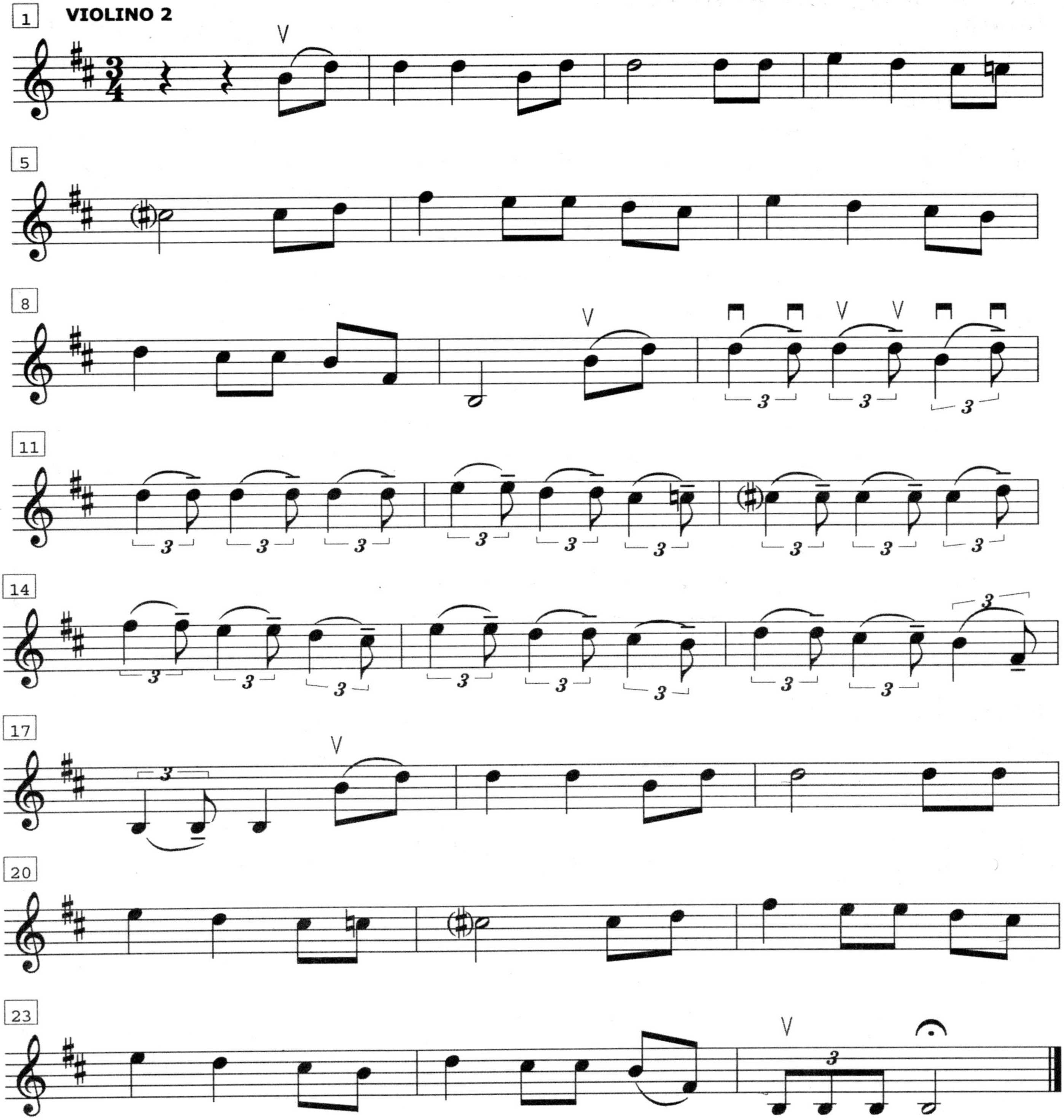
VIOLINO 2
1
5
8
11
14
17
20
23

Uma, duas angolinhas
(Brasil)

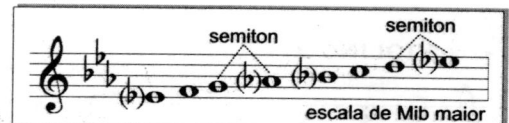

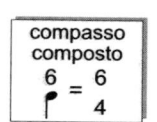

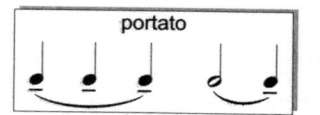

escala de Mib maior

VIOLINO 1

VIOLINO 2

Melodia coral
(Séc. XVI)

compasso composto
♩ = 6/4

portato

VIOLINO 1

VIOLINO 2

Conteúdos explicativos

Altura é o que define os sons graves, médios e agudos.

Pentagrama ou pauta, é o local onde se escreve as notas musicais.

Clave é o sinal que determina o nome das notas e sua altura.

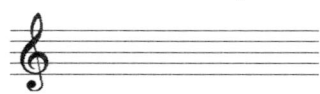

Notas naturais nas quatro cordas do violino

corda sol	corda ré	corda lá	corda mi
0 1 2 3 4	0 1 2 3 4	0 1 2 3 4	0 1 2 3 4
sol lá si dó ré	ré mi fá sol lá	lá si dó ré mi	mi fá sol lá si

Acidente é a alteração na altura da nota natural

♯ = sustenido: eleva em meio tom a altura da nota natural

♭ = bemol: abaixa em meio tom a altura da nota natural

♮ = bequadro: anula as alterações (♯ e ♭), voltando a nota à sua altura natural.

Escalas são sequências de oito notas seguindo uma determinada disposição de tons e semintos.

Logo depois da clave há a **armadura** onde se colocam os acidentes que devem ser executados durante toda a música e que pertencem a uma determinada escala ou tonalidade.

- Dó Maior (sem alterações)

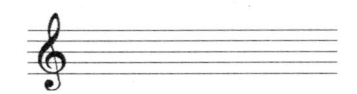

- Sol Maior
  (Fá#)

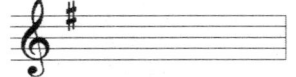

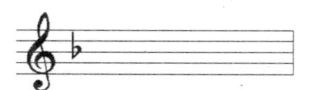

- Fá Maior
  (Sib)

- Ré Maior
  (Fá#, Dó#)

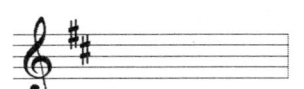

- Sib Maior
  (Sib, Mib)

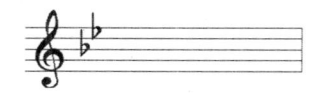

- Lá Maior
  (Fá#, Dó#, Sol#)

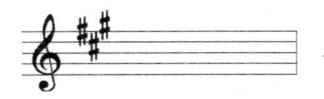

- Mib Maior
  (Sib, Mib, Láb))

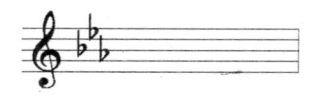

Duração é o tempo que o som deve soar.

Figuras são sinais que representam a duração do som.
Pausas são sinais que representam a duração do silêncio.

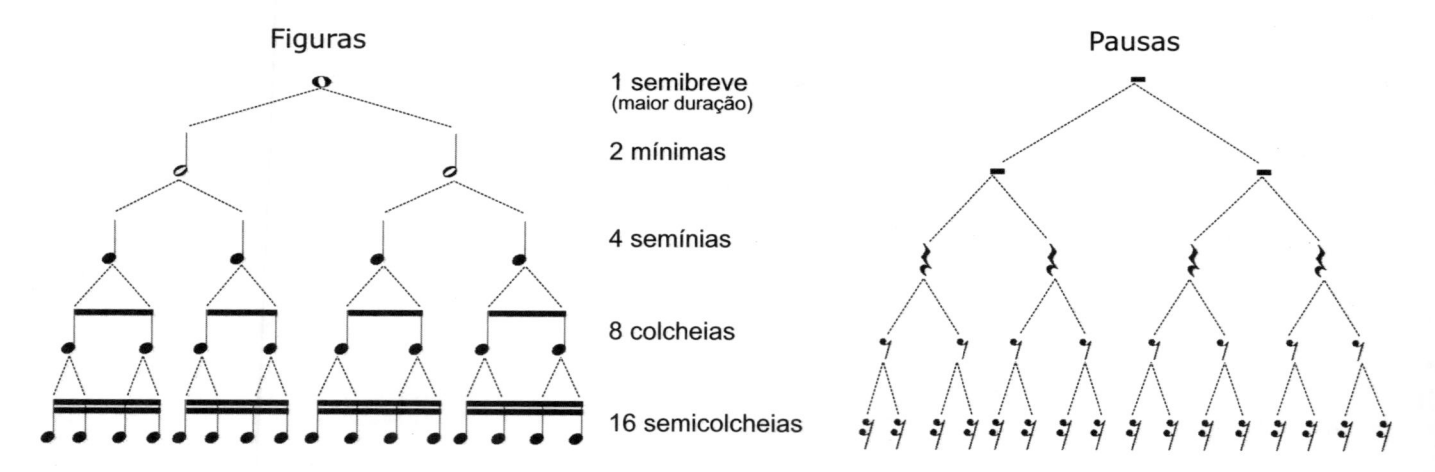

Figuras

1 semibreve (maior duração)
2 mínimas
4 semínias
8 colcheias
16 semicolcheias

Pausas

Pensa-se em pulsações regulares, como as batidas de um relógio. Cada pulso será chamado de tempo. A duração do som de uma figura ou a duração do silêncio de uma pausa será medida pelo número de tempos que se mantêm.

Compasso é a divisão de um determinado número de tempos, dando sempre um maior apoio ao primeiro tempo.

Compasso Simples: a fórmula de compasso representa a divisão do tempo e sua subdivisão é binária

- Compassos Binários: $\frac{2}{\text{♩}} = \frac{2}{2} = ¢$ $\frac{2}{\text{♩}} = \frac{2}{4}$ $\frac{2}{♪} = \frac{2}{8}$ ⟶ Número de tempos por compasso / Figura correspondente a um tempo

- Compassos Ternários: $\frac{3}{\text{♩}} = \frac{3}{2}$ $\frac{3}{\text{♩}} = \frac{3}{4}$ $\frac{3}{♪} = \frac{3}{8}$ ⟶ Número de tempos por compasso / Figura correspondente a um tempo

- Compassos Quaternários: $\frac{4}{\text{♩}} = \frac{4}{2}$ $\frac{4}{\text{♩}} = \frac{4}{4} = ¢$ $\frac{4}{♪} = \frac{4}{8}$ ⟶ Número de tempos por compasso / Figura correspondente a um tempo

Compasso Composto: a fórmula de compasso representa a subdivisão do tempo, sendo a mesma ternária

- Compasso Binário Composto: $\frac{6}{\text{♩}} = \frac{6}{2}$ $\frac{6}{\text{♩}} = \frac{6}{4}$ $\frac{6}{♪} = \frac{6}{8}$ ⟶ Número de subdivisões do tempo / Figura corresponde a uma subdivisão do tempo. (três destas figuras equivale a um tempo)

Anacruze: Quando a música começa antes do primeiro tempo (que tem um maior apoio) de uma frase musical.

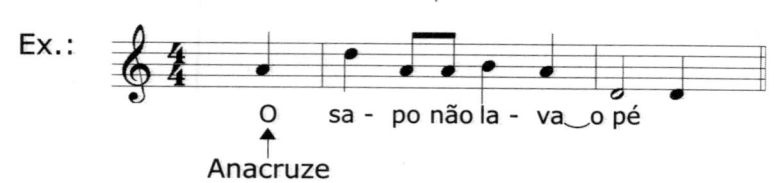

Ex.:

O   sa - po não la - va o pé
↑
Anacruze

Compassos alternados são diferentes compassos que se alternam durante uma execução musical.

Rítmos - maneiras como são distribuídas as figuras (durações) dentro de um compasso.

1) ♩♩ = ♩. → ponto de aumento (acrescenta a metade do valor da figura)

2) ♩♫ = ♩. ♪

3) ♬♬ = ♫♫

4) ♬♬ = ♫♫

5) ♬♬ = ♩. ♪

6) ♬♬ = ♫.

7) ♬♬ = ♫♫

8) ♫♫♫ (3) = tercina: três figuras no lugar de duas da mesma espécie

9) ♫♫♫ (3) = ♩ ♪ (3)

Dinâmica é a intensidade de som

> = acento, marcar o início da nota

f = som forte *p* = som piano, suave

< = crescendo, a intensidade do som aumenta gradativamente

> = decrescendo, a intensidade do som diminui gradativamente

Andamento - velocidade da execução musical.

Rall = rallentando, o andamento fica gradativamente mais lento

Rallentando = Ritenutto

⌒ = fermata, sustenta a nota por um momento, suspendendo a contagem de tempo, prolongando a sua duração de acordo com a interpretação do músico

Articulação - diferentes maneiras de executar uma nota

⊓ = arco para baixo, puxando   V = arco para cima, empurrando

⌒ ou ⌣ = ligadura, deve-se tocar as notas ligadas sem interrupção dos sons na mesma arcada. Quando as notas ligadas são da mesma altura, elas não se repetem prolongando-se o som na duração do seus tempos. Quando este sinal está unindo notas diferentes é chamado legado.

♩̇ = stacatto, deve-se tocar a nota com som mais curto, separando uma da outra.

♩̇ ♩̇ = portato, deve-se tocar um som contínuo, sem parar o arco, porém com apoio no início de cada nota. Pode-se também tocar com uma ligeira separação entre as notas, dependendo da interpretação.

pizz. = pizzicatto, ferir as cordas com os dedos.

Sinais de repetição - são diferentes maneiras de solicitar a repetição de um trecho musical

𝄆 ═══ 𝄇 = ritornello, retorno ao início.

𝄆 ═══ 𝄇 = ritornello, retorna ao trecho assinalado.

|1. |2. = toca-se até chegar à casa 1, repete (𝄇) e, quando chegar novamente nesse trecho, omite-se a casa 1 e toca-se a casa 2.

D.C (DA CAPO) al FINE - retorna ao início e executa até a palavra FINE (fim)

IMPRESSO EM
NOVEMBRO/2009